David Hains-Tremblay
2002

NOUVELLES
Histoires drôles

Mayan

D1390405

Illustration de la couverture :
Philippe Germain

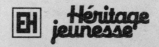

EH **Héritage jeunesse**

Nouvelles Histoires drôles n° 40
Illustration de la couverture : Philippe Germain
Conception graphique de la couverture : Michel Têtu
© Les éditions Héritage inc. 2001
Tous droits réservés

Dépôts légaux : 4e trimestre 2001
Bibliothèque nationale du Québec
Bibliothèque nationale du Canada

ISBN : 2-7625-1443-6
Imprimé au Canada

Les éditions Héritage inc.
300, rue Arran
Saint-Lambert (Québec) J4R 1K5
Téléphone : (514) 875-0327
Télécopieur : (450) 672-5448
Courriel : info@editionsheritage.com

*À tous ceux
qui aiment bien rigoler!*

Je suis un nez très rouge.
Un nez-carlate.

•

La scène se passe un matin du mois de février. Sur une tablette d'épicerie, un pain blanc dit à un pain brun :
— Wow ! Tu reviens de vacances.

•

Alexandra : Alors comme ça, tu crois que tu es meilleur que moi en mathématiques ?

Antoine : Absolument.

Alexandra : D'accord. On va voir si tu peux répondre à ma question. Si dans un pré on trouve un fermier, son chien et ses dix vaches, combien de pieds y a-t-il en tout ?

Antoine : Facile. Il y en a 46.

Alexandra : Non, la réponse est 2. Le fermier est le seul à avoir des pieds.

•

Laurelle va voir une copine à qui elle a prêté un de ses livres préférés.

— Je peux ravoir mon livre tout de suite ? Je t'avertis, c'est la dernière fois que je te le demande.

— Tant mieux. Je commençais à en avoir assez que tu m'en parles tout le temps.

•

Richard : Tu as envie de solutionner une énigme ?

Mélanie : D'accord.

Richard : Un bébé Schtroumpf vient de naître. Son visage est bleu, ses bras sont bleus, ses jambes sont bleues, son dos et son ventre sont bleus. De quelle couleur sont ses dents ?

Mélanie : Bleues ?

Richard : As-tu déjà vu un bébé naissant avec des dents ?

•

Peu après Noël, une maman furieuse entre au magasin de jouets.

— Je viens retourner ce camion de pompier incassable. Je ne suis vraiment pas satisfaite !

— Mais madame, votre enfant ne l'a sûrement pas brisé ?

— Oh non ! Mais il a brisé tous ses autres jouets avec !

•

— Sais-tu ce qui me plaît beaucoup quand arrive le temps de Noël ?

— Non, quoi ?

— Embrasser les filles sous le gui.

— Moi, ce que je préfère, c'est de les embrasser sous le nez !

•

Quel spectacle les écureuils vont-ils toujours voir à Noël ?

Casse-Noisette.

•

— Qu'est-ce qui a 34 jambes, 9 têtes et 2 bras ?

— Je ne sais pas.
— Le père Noël et ses rennes.

•

Laurie et Cécile sont contentes de se retrouver après le long congé des fêtes.

— Moi, cette année, j'ai donné deux cadeaux à ma sœur pour Noël.
— Ah oui! Lesquels?
— Deux mitaines!

•

— Sais-tu pourquoi le père Noël visite chaque maison le soir de Noël?
— Pour apporter nos cadeaux, voyons!
— Mais non, pas du tout! C'est pour pouvoir manger des biscuits et boire du lait!

•

Maxime : Maman, j'ai trouvé ce que j'allais te donner pour Noël.

La mère : Ah! Quoi donc?

Maxime : Un beau chandelier en cristal pour mettre sur le buffet.

La mère : Mais voyons, j'en ai déjà un !

Maxime : Euh... tu en avais un !

•

Sophie : Maman, est-ce qu'on peut avoir un piano pour Noël ?

La mère : Oh... ma petite Sophie, un piano, c'est beaucoup trop cher !

Sophie : Pas grave ! Je vais le demander au père Noël. Lui, il va le payer !

•

— Qu'est-ce que tu as eu en cadeau à Noël ?

— Deux bâtons de baseball, cinq balles de baseball, un boomerang, une fronde et trois ballons de football.

— C'est un peu beaucoup, non ?

— Pas du tout, mon père vend des vitres !

•

Le père Noël : Qu'est-ce que tu veux en cadeau, ma petite ?

Annie : Quoi, vous n'avez pas reçu mon fax ?

•

Annie : Sais-tu pourquoi les jours diminuent de plus en plus quand on approche de Noël ?

Olivier : Oui, c'est pour faire arriver les cadeaux plus vite !

•

— Mon père m'a donné un Polaroid pour Noël.

— Est-ce que tu aimes ça ?

— Bien, avec mon autre appareil photo, j'étais obligé de finir le film avant de le faire développer, puis d'attendre une semaine avant de le ravoir. Alors je découvrais que j'avais raté toutes mes photos. Alors que maintenant, je le sais tout de suite !

•

Comment le père Noël joue-t-il au poker?

Avec des cartes de Noël.

•

Pascal : As-tu écrit au père Noël?

Kim : Oui, je lui ai envoyé ma lettre la semaine dernière.

Pascal : Et qu'est-ce que tu lui demandes?

Kim : Je lui ai demandé de passer plus souvent!

•

— Qu'est-ce que tu donnes à tes parents pour Noël?

— Une liste de tout ce que je veux avoir!

•

La mère : Qu'est-ce que tu veux pour Noël, cette année?

Amélie : Je ne veux qu'une chose.

La mère : Quoi?

Amélie : Que pour une fois tu ne chantes pas !

•

Kim : Sais-tu pourquoi le père Noël est gros ?

Marianne : Non.

Kim : Parce que dans chaque maison qu'il visite, on lui laisse du lait et des biscuits !

•

Thérèse écoute sa sœur faire sa répétition de chant.

— Tu n'as jamais pensé à te spécialiser dans les chansons de Noël ?

— Non, pourquoi ? Tu crois que ma voix conviendrait bien à ce type de répertoire ?

— Pas vraiment, mais au moins on ne t'entendrait qu'une fois par année.

•

Deux copines discutent :

— Je me pose une question depuis longtemps.

— Quoi ?

— Je me demande pourquoi les dindes ne se cachent pas un mois avant Noël !

•

Victoria : Qu'est-ce qu'un paon ?

Julien : Je ne sais pas.

Victoria : C'est un oiseau qui a un arbre de Noël dans le dos !

•

Le prof : Qu'est-ce que tu aimerais recevoir pour Noël ?

L'élève : Un mois de congé !

•

Céline : Connais-tu la différence entre un peigne et une chaise ?

Noëlla : Non.

Céline : Le peigne a des dents, la chaise a des pattes !

•

— Qu'est-ce qu'un jouet incassable ?
— Je ne sais pas.
— C'est un jouet qu'on reçoit à Noël et qui n'est pas encore brisé au jour de l'An !

•

John : J'ai reçu un beau poisson rouge à mon anniversaire !

Lucille : Chanceux !

John : Maintenant, j'ai tellement hâte à Noël !

Lucille : Pourquoi ?

John : Je vais recevoir un bocal !

•

Luc : Mes parents ont donné une trompette à ma sœur pour Noël.

Odile : Est-ce qu'elle a appris quelque chose jusqu'à présent ?

Luc : Oui, elle a appris qu'il vaut mieux ne pas me casser les oreilles quand je suis à la maison !

●

Que dit le hibou à sa femme au Jour de l'an ?

Je te chouette un bonne année !

●

Deux rennes sont perdus dans le désert.

— Oh, là, là ! Ça doit être glissant ici !

— Qu'est-ce qui te fait dire ça ?

— Tu as vu tout le sable qu'ils doivent étendre par terre ?

●

Toc ! Toc ! Toc !

— Qui est là ?

— Anneau.

— Anneau Qui ?

— Anneau elle, j'ai toujours de beaux cadeaux.

•

Irma : Qu'est-ce que tu as eu pour Noël ?

Patrice : Une guitare.

Irma : Chanceux. Est-ce que tu as appris à jouer quelque chose ?

Patrice : Mais non, je l'ai retournée au magasin dès le lendemain.

Irma : Pourquoi ?

Patrice : Elle n'était même pas bonne, il y avait un gros trou au milieu.

•

Deux dindes se rencontrent au début du mois de décembre :

— Salut, ma chère.

— Allô, ça va ?

— Oui, pas mal. Je me demande juste où je vais passer les fêtes cette année.

•

Pourquoi le petit renne a le nez rouge ?

Parce qu'il a toujours froid.

•

En revenant des vacances de Noël, le professeur demande à ses élèves de lui parler de leurs cadeaux.

— Moi, dit Roxanne, j'ai reçu une flûte à bec.

— Oh, tu devais être contente.

— Je comprends. C'est le cadeau le plus payant que j'ai jamais eu.

— Payant! Comment ça ?

— Chaque fois que je commence à jouer, mon grand frère me donne un dollar pour que j'arrête.

•

Le prof: Irène, quelle est la chose que te rend le plus heureuse à Noël ?

Irène : C'est de ne pas être une dinde.

•

Héloïse : Quelle est la chose qu'il ne faut surtout pas oublier de faire le 24 décembre ?

Claudine : Je ne sais pas.

Héloïse : Nettoyer la cheminée.

•

Denis : Qu'est-ce qu'on trouve dans le mois de décembre qu'on ne trouve dans aucun des autres mois ?

Dominique : Noël ?

Denis : Non, la lettre d.

•

Deux copines discutent :

— As-tu trouvé ce que tu vas donner à ton frère pour Noël ?

— Je pense que je vais lui donner la même chose que l'année dernière.

— Qu'est-ce que c'était ?

— La grippe.

•

Le père Noël : As-tu quelque chose à demander au père Noël, ma petite ?

Philomène : Oh oui ! père Noël. J'aimerais beaucoup que les vitamines soient dans les gâteaux et pas dans le brocoli.

•

Isabelle écrit une lettre au père Noël :

— Cher père Noël, je promets d'être très sage et de ne plus me battre avec mon petit frère. Et comme cadeau, j'aimerais bien que tu m'apportes une paire de gants de boxe.

•

— Pourquoi le père Noël porte-t-il des bretelles élastiques ?

— Je ne sais pas.

— Pour tenir son pantalon.

•

Roland : Quel est le comble de la volonté ?

Jérémie : Je ne sais pas.

Roland : Cueillir des fraises sans en manger une.

•

Éric : Avant d'aller dormir, les animaux de la forêt se disent « bonne nuit », mais pas tous. Sais-tu ce que dit le hibou ?

Christine : Non.

Éric : Bon matin.

•

Un monsieur téléphone chez Félix :

— Puis-je parler à ton père ?

— Il n'est pas là en ce moment.

— Alors ta mère ?

— Elle n'est pas là non plus. Ils sont tous partis au magasin.

— Est-ce qu'il y a quelqu'un d'autre chez toi ?

— Oui, ma sœur.

— Eh bien, peux-tu me la passer ?

— Un instant, s'il vous plaît.

Après un moment, Félix dit :

— Monsieur, elle dort et je ne suis pas capable de la sortir de son lit de bébé.

•

— Mon ami Rémi Doré est concierge. Il adore travailler à mon école. Tu sais pourquoi ?

— Car il y a un sol si fa si la si ré.

•

Camille : Ma mère nous a préparé un dessert d'automne, hier soir.

Marie-Laurence : Qu'est-ce qu'un dessert d'automne ?

Camille : Un mille-feuille.

•

Valérie : Sais-tu quel animal adore jouer du tambour ?

Julie : Non.

Valérie : L'hippopotamtam.

•

Deux voisins discutent :

— Écoutez, il faudrait peut-être que vous fassiez quelque chose avec votre chien.

— Qu'est-ce qu'il a, mon chien ?

— Il s'est encore mis à hurler quand ma femme a commencé à chanter hier.

— Ah ben là ! C'est elle qui a commencé.

•

Drrrrrring !

— Oui, allô ?

— Je voudrais parler à Sylvie, s'il vous plaît.

— Il n'y a pas de Sylvie ici.

— Non ? Alors pourquoi avez-vous répondu ?

•

Marcella : Je peux dire un mot en allemand.

Manuel : Quel mot ?

Marcella : Accident !

Manuel : Comment ça se dit ?

Marcella : Volkswagen heurte une van !

•

Aujourd'hui, dans la classe d'éducation physique, les élèves vont faire une excursion à la montagne. Le prof demande à Chloé de remplir des bouteilles d'eau pour tout le monde.

— Mais pourquoi tu as laissé ces cinq bouteilles vides ? demande le prof.

— C'est pour les élèves qui n'auront pas soif.

•

— Comme ta mère tricote vite.

— Oui, je crois qu'elle se dépêche de finir avant de manquer de laine.

•

— Quelle heure est-il quand les olives se mettent à marcher dans ton assiette ?

— Je ne sais pas.

— L'heure de changer de restaurant.

•

— Quel est le comble de la sécheresse ?

— Je ne sais pas.

— C'est quand les vaches donnent du lait en poudre.

•

Le prof : Jocelyn, j'aimerais que tu ailles au bureau de la directrice. Si elle est là, dis-lui que j'aimerais lui parler.

Jocelyn : Et si elle n'est pas là, qu'est-ce que je lui dis ?

•

Deux souris se rencontrent sur le trottoir :

— Attention ! Il y a un gros chat noir de l'autre côté de la rue.

— Et puis ? Je ne suis pas superstitieuse.

●

Deux sœurs se demandent quoi faire un jour de congé :

— J'aurais envie de faire des beignes.

— Quelle bonne idée.

— Mais je ne sais pas comment faire.

— C'est facile, j'ai bien remarqué comment fait maman.

— Oui ?

— On prend des trous et on met de la pâte autour.

●

— Épelle donc le mot coco.

— C. O. C. O.

— Mais qu'est-ce qui est si haut ?

●

Joanne : Qu'est-ce qu'on trouve à la fin du matin, au début de la nuit, au milieu de la journée, mais pas le midi ?

Claire : Je ne sais pas.

Joanne : La lettre n.

•

Une grenouille consulte une dame qui lit dans l'avenir.

— Je vois que vous rencontrerez très bientôt une belle jeune fille qui s'intéressera beaucoup à vous.

— Quand ? Quand ?

— La semaine prochaine, dans son cours de biologie...

•

Alain : Oh, là, là ! Ça n'a vraiment pas l'air d'aller.

Jan : Non, pas tellement.

Alain : Que se passe-t-il ?

Jan : J'ai été renvoyé de la marine.

Alain : Pourquoi ?

Jan : Parce que j'ai fait couler notre sous-marin.

Alain : Mais comment ?

Jan : J'avais organisé une journée « Portes ouvertes ».

●

Au jour de l'an, Christophe se promène dans le salon avec une tranche de pain.

— Mais qu'est-ce que tu fais là ? demande son père.

— Je voudrais porter un toast à la nouvelle année.

●

Un chien se présente au comptoir d'un restaurant et demande des frites et un hamburger. Le client derrière lui n'en croit pas ses yeux ni ses oreilles. Quand c'est à son tour de commander, il dit à l'employé :

— C'est incroyable. C'est extraordinaire.

— C'est vrai, monsieur. D'habitude, il commande toujours des frites et un hot-dog.

•

Une dame se rend au poste de police :

— Votre nom, madame ?

— Je suis Zelda La Grande.

— Votre métier ?

— Je lis l'avenir.

— Pourquoi avez-vous besoin de la police ?

— Je viens vous avertir qu'on va cambrioler ma maison demain vers 16 heures 30.

•

Patrick : Qu'est-ce qui est noir, blanc, noir, blanc, noir, blanc ?

Daisy : Je ne sais pas.

Patrick : Un zèbre qui déboule l'escalier.

•

Toc! Toc! Toc!
— Qui est là?
— S.
— S qui?
— S aie pas de me raconter des blagues.

•

Émilie : Sais-tu comment se baignent les menuisiers?
Georges : Je ne sais pas.
Émilie : Ils font la planche.

•

Laurent et son amie Denise marchent sur une passerelle qui surplombe une autoroute.
Soudain, Denise lève les bras.
— Mais que fais-tu là? lui demande Laurent.
— Je viens de me rappeler ce que le prof nous a dit au sujet de cette passerelle.
— Quoi donc?

— Qu'elle était construite avec du béton armé.

•

Deux grenouilles se promènent sur la voie ferrée. Tout à coup, l'une d'elles s'écrie :
— Attention. Voilà un… prrrrrrt !
— Quoi ? Prrrrrt !

•

— Mon voisin ne comprend rien aux ordinateurs.
— Qu'est-ce qui te fait dire ça ?
— Pour corriger ses fautes, il met du liquide correcteur sur l'écran.

•

Jules : Hé, les gars. Je peux jouer au hockey avec vous ?

Les copains : D'accord, tu joueras « avant ».

Jules : Ah… moi j'aurais préféré jouer en même temps que vous !

•

Deux chiens discutent :

— Hier soir, quelqu'un m'a demandé si je savais pourquoi les chiens détestent tellement les minous.

— Le savais-tu ?

— Non, j'ai dû donner ma langue au chat.

•

Michel : Quel est le gâteau le plus dur au monde ?

Charles : Je ne sais pas.

Michel : La bûche de Noël.

•

Marlie : Quelle est la différence entre un chien et une puce ?

Adrien : Je ne sais pas.

Marlie : Le chien peut avoir des puces, mais les puces ne peut pas avoir de chiens.

•

Marc-Olivier : Quel est le comble pour un mouton ?

Pascal : Je ne sais pas.

Marc-Olivier : Avoir une faim de loup.

•

— Que deviens-tu quand tu viens de finir de peinturer un plancher en commençant du côté de la sortie ?

— Un prisonnier.

•

— Sais-tu où habitait monsieur Mozart ?

— Je ne sais pas.

— Dans son do mi si la do ré.

•

Une femme se berce sur son perron et semble se parler à elle-même. De temps à autre, elle éclate de rire ou bien elle crie bof. Le policier qui fait sa ronde et la surveille depuis quelque temps s'approche d'elle pour lui demander ce que signifie son comportement.

— Voyez-vous, monsieur l'agent, je me raconte des histoires et, sans me vanter, la plupart sont drôles.

— Pourquoi alors lancez-vous des bof? questionne le policier.

— Je dis bof! explique la bonne dame, lorsqu'il s'agit d'histoires que j'ai déjà entendues.

•

— Pourquoi les humains lèvent un pied après l'autre quand ils marchent?

— Parce que s'ils levaient les deux en même temps, ils tomberaient.

•

Toc! Toc! Toc!
— Qui est là?
— Le pou.
— Le pou qui?

— Le poulet est bien meilleur quand on le mange avec les doigts.

•

La mère : Mets tes mitaines, Jasmine.

Jasmine : Mais non, il fait chaud aujourd'hui.

La mère : Jasmine, c'est l'hiver, tu dois mettre tes mitaines.

Jasmine : Mais maman, il n'y a pas un seul enfant dans tout le pays au complet qui a ses mitaines aujourd'hui.

La mère : Ah, Jasmine, ça fait au moins cent millions de fois que je te dis de ne pas exagérer.

•

François : Comment les abeilles se rendent-elles à l'école ?

Joanie : Je ne sais pas.

François : Comme tout le monde, en autobzzzzzz !

•

— Elle tombe et elle tombe.
— Ramasse-la.
— C'est impossible !
— De quoi parles-tu ?
— De la pluie.

•

Je suis un chat caché dans les bois.
Un chat-let !

•

Deux nouvelles mamans se rencontrent :

— Comment va votre bébé ?

— Oh, très bien, ça fait déjà trois mois qu'il marche.

— Oh, là, là ! Il doit être rendu pas mal loin.

•

Laurent : Qu'est-ce qu'une framboise ?

Catherine : Je le sais, c'est une fraise avec une permanente.

Laurent : Pas du tout, c'est une cerise qui a la chair de poule.

•

Deux nigauds se promènent sur le trottoir.

Soudain, ils aperçoivent une peau de banane.

— Ah non ! s'écrie l'un d'eux.
— Quoi ? Quoi ? répond l'autre.

— On va encore tomber.

•

— Comment peut-on placer quatre éléphants dans une voiture ?
— Je ne sais pas.
— C'est simple, on en assoit deux en avant et deux en arrière.

•

— Comment peut-on placer quatre girafes dans une voiture ?

— On en met deux devant, deux derrière.

— C'est impossible, il y a déjà des éléphants.

•

Deux copains discutent :
— Hier, dans la cour de récréation, Bernard et Sylvain se sont battus.
— Hein ? Mais je ne me suis rendu compte de rien. Quelle heure était-il ?
— Patow ! Patow !

•

Charles : À quel moment un cheval a-t-il six pattes ?
Sophie : Je ne sais pas.
Charles : Quand il y a un humain dessus.

•

Au restaurant :
— Garçon ! Il y a une mouche dans ma soupe.
— Chut ! Ne le dites pas trop fort, monsieur. Il n'y en a pas pour tout le monde.

•

Le prof : Pourquoi es-tu en retard ce matin, Mélanie ?

Mélanie : Parce que sur le chemin, j'ai vu plein de panneaux qui disaient « École, lentement ».

•

Éric : Pourquoi les ours n'ont pas de plumes ?

Évelyne : Je ne sais pas.

Éric : Parce qu'ils ne savent pas écrire.

•

La mère : Je t'ai déjà dit cent fois de ne pas écrire sur les murs. C'est sale !

La fille : Mais maman, je n'écris que des noms propres.

•

Lili et Lulu sont en vacances au bord de la mer.

Lili : Pourquoi te baignes-tu avec tes bas ?

Lulu : Parce que l'eau est trop froide.

•

Le prof : Comment t'appelles-tu ?

L'élève : Rose-Marie.

Le prof : Et quel est ton nom de famille ?

L'élève : Prniskwairguktref.

Le prof : Comment écris-tu ça ?

L'élève : Ç-a !

•

Je suis un chat de ville.

Chat-teauguay.

•

Émilie : As-tu déjà pris un bain de boue ?

Émile : Non, moi je prends toujours mon bain assis.

•

Chez le médecin :

— Docteur, ça ne va pas.

— Que se passe-t-il, monsieur ?

— Quand j'appuie sur ma jambe, j'ai mal. Quand j'appuie sur mon bras, j'ai mal. Quand j'appuie sur mon ventre, j'ai mal. Quand j'appuie sur mon dos, j'ai mal. Quand j'appuie sur ma tête, j'ai mal. Je vous en prie, docteur, dites-moi ce qui ne va pas.

— C'est très simple, mon pauvre monsieur. Vous avez le doigt cassé.

●

Martine : À quel animal penses-tu le plus souvent ?

Élaine : Au pou.

Martine : C'est vrai ?

Élaine : Oui, je l'ai toujours en tête.

●

Serge : Quand est-ce qu'une grenouille est aussi rapide qu'un train ?

Anne-Marie : Je ne sais pas.

Serge : Quand elle est à bord du train.

•

Toc ! Toc ! Toc !
— Qui est là ?
— Geler.
— Geler qui ?
— Geler vu, mais je ne dirai pas qui c'est.

•

Chez le boucher :
— Monsieur, demande Patrick, avez-vous des pattes de cochons ?
— Oui.
— Pauvre vous, ça doit mal marcher.

•

— Peux-tu me faire une phrase avec le mot poisson ?
— Dans cette soupe, les pois sont excellents.

•

Jean : Qui a inventé les mitaines ?
Béatrice : Je ne sais pas.
Jean : Un nu-mains.

•

Le fils : Maman, est-ce que ma fête approche ?
La mère : Non.
Le fils : Est-ce que c'est encore loin ?
La mère : Oh oui !
Le fils : Alors prends ton auto, on y va.

•

Monsieur Lapin entre au magasin de jouets :
— Donnez-moi deux cents camions et deux cents casse-tête, s'il vous plaît.
— C'est pour offrir ?
— Oui, à mes enfants.

•

Esther : Qu'est-ce qui est aussi gros que le Stade olympique, mais plus léger qu'une plume ?

Denis : Je ne sais pas.

Esther : Son ombre.

•

Jacques : Qu'est-ce qui est bleu, blanc et rouge ?

Jérôme : Le drapeau de la France.

Jacques : Non, un Schtroumpf qui saigne du nez.

•

Un crayon dit à un autre crayon :

— Ah non, je viens de me casser le nez.

— Ouais, c'est vrai que tu n'as pas bonne mine.

•

Christian : Sais-tu pourquoi la statue de la Liberté est toujours debout ?

Zoé : Je ne sais pas.

Christian : Parce qu'il n'y a pas de banc à sa taille à New York.

•

— Est-ce vrai que ça porte malchance de croiser un chat noir ?
— Si on est une souris, oui.

•

Deux hommes partent à la pêche un bon matin. Ils mettent tout leur équipement dans la chaloupe, avec des vêtements chauds et un gros panier à provisions. Au milieu du lac, l'un d'eux dit à son compagnon :
— Ah non ! Catastrophe !
— Que se passe-t-il ?
— J'ai oublié les vers.
— Pas grave. On boira à même la bouteille.

•

Nadia : Quelle étoile peut-on atteindre sans vaisseau spatial ?

Christophe : Je ne sais pas.
Nadia : L'étoile-ettes.

•

Deux élèves discutent :
— Connais-tu la différence entre un dentiste et un professeur ?
— Non.
— Le dentiste, lui, il nous demande d'ouvrir la bouche.

•

Au cours de mathématiques :
— Aujourd'hui, dit le prof, nous allons étudier les fractions. Voyons , si je coupe une pêche en quatre, que j'en mange deux morceaux et que j'en donne deux à un élève, que reste-t-il ?
— Le noyau.

•

Nathalie : Peux-tu me nommer un mot que tu ne dis qu'une fois par jour ?
Liette : Euh... le mot céréales.

Nathalie : Pardon ?

Liette : J'ai dit « céréales ».

Nathalie : Ah ! Ah ! tu l'as dit deux fois.

•

Juliette : Sais-tu pourquoi les abeilles ne s'attaquent jamais aux policiers ?

Charlotte : Non.

Juliette : Elles ont trop peur de se faire arrêter parce que piquer c'est voler.

•

Pierre : Quel est ton animal préféré ?

Frédéric : Le chat.

Pierre : Quelle est ta couleur préférée ?

Frédéric : Le bleu.

Pierre : Quel est ton chiffre préféré ?

Frédéric : Treize.

Pierre : As-tu déjà vu un chat bleu à treize pattes ?

•

Michel : Mon frère est somnambule.

Olivia : Il se lève la nuit pour se promener ?

Michel : Oui.

Olivia : Il doit être très fatigué le matin.

Michel : Non, pas depuis qu'il se couche avec sa carte d'autobus.

•

Le père : Vous savez, il faut que vous travailliez encore plus fort à l'école.

Les enfants : Mais pourquoi, papa ?

Le père : Parce que sinon, vous ne pourrez pas aider vos enfants à faire leurs devoirs.

•

Toc ! Toc ! Toc !
— Qui est là ?
— Agnès.
— Agnès qui ?
— Agnès au lieu de faire ses devoirs.

•

— Mon voisin le nigaud a reçu des skis nautiques pour Noël.

— Est-ce qu'il aime ce sport?

— Je ne sais pas, il n'a pas encore réussi à en faire.

— Pourquoi?

— Il est toujours à la recherche d'un lac en pente.

•

La prof: Quel est le futur du verbe voler?

L'élève: Aller en prison.

•

À la piscine municipale, Renaud rencontre ses pires ennemis en train de se baigner.

— Hé! viens donc dans l'eau avec nous.

— Non merci, je n'apprécie pas la soupe aux nouilles.

•

— Quelle est la plante qu'il vaut mieux ne pas donner à un végétarien ?

— Je ne sais pas.

— Une plante carnivore.

•

Olivier : Qu'est-ce que le temps ?

Alexandre : C'est une chose qui passe trop lentement pendant la semaine et trop vite la fin de semaine.

•

— Qu'arrive-t-il au hibou dans une forêt en feu ?

— Je ne sais pas.

— Hiboucane !

•

Le prof : Comment dit-on des valises au singulier ?

L'élève : Un voleur.

Le prof : Pardon ?

L'élève : Mais oui, un voleur des valises une banque !

•

— Connais-tu la différence entre mon frère et un livre à colorier?

— Non.

— Le livre à colorier a des dessins, tandis que mon frère est sans dessein.

•

Le prof : Qui peut me dire pourquoi les bélugas sont en voie d'extinction?

Thomas : Parce qu'il n'y a pas de bélufilles.

•

— Quel poulet n'est jamais en retard?

— Je ne sais pas.

— Le poulet pressé.

•

Valérie : Sais-tu qui ne peut absolument pas supporter les grandes chaleurs de l'été?

Sonia : Non.

Valérie : Le bonhomme de neige.

•

La prof : 3 et 3, ça fait combien ?

L'élève : Ça fait un match nul, madame.

•

Je suis un chat qui abrite les princesses.

Un chat-eau.

•

Au restaurant :

— Garçon, allez-vous finir par m'apporter les glaçons que je vous ai demandés ?

— C'est que je les ai rincés à l'eau chaude et je ne les trouve plus...

•

Bébé serpent : Papa !

Papa serpent : Oui ?

Bébé serpent : C'est vrai que nous sommes venimeux ?

Papa serpent : Oui.

Bébé serpent : Tu en es certain ?

Papa serpent : Absolument certain.

Bébé serpent : Oh non !

Papa serpent : Qu'est-ce qui t'inquiète ?

Bébé serpent : Je viens de me mordre la langue.

●

— Où dorment les compositeurs de musique ?

— Je ne sais pas.

— Sur le sol, sur le do.

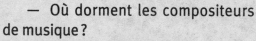

●

Monsieur Laferme s'en va faire une promenade en forêt avec son ami monsieur Laguerre. Les deux copains se suivent dans un petit sentier. Soudain, monsieur Laferme se rend compte qu'il n'a pas entendu la voix de son ami depuis une demi-heure. Il se retourne et s'aperçoit avec désespoir qu'il est absolument seul. Il a perdu son ami. Vite, il prend son téléphone cellulaire et appelle le garde-chasse. Celui-ci lui dit :

— Allô ! Qui parle ?

— Laferme.

— Pardon ?

— Laferme.

— Je vous demande qui parle !

— Laferme.

— Dites donc, vous, cherchez-vous la guerre ?

— Oui.

•

— Qui peut parler toutes les langues de la planète sans jamais avoir pris de cours ?

— Je ne sais pas.

— L'écho.

•

Que lisent les kangourous ?
Des livres de poche.

•

Toc ! Toc ! Toc !

— Qui est là ?

— Maman.

— Maman qui ?

— Maman aller si tu ne m'ouvres pas.

•

Le père : J'ai toujours été le premier en classe.

La fille : Tu es sûr de ça ?

Le père : Absolument ! J'arrivais à sept heures le matin : j'étais toujours le premier !

•

Trois hommes partent pour une expédition dans le désert. Chacun n'a le droit d'apporter qu'une chose. Le premier se présente avec une gourde d'eau.

— Si j'ai trop chaud, je vais pouvoir me désaltérer.

Le deuxième arrive avec un éventail.

— Si j'ai trop chaud, je vais pouvoir me rafraîchir.

Quand les deux copains voient arriver le troisième avec une portière d'auto, ils lui demandent , surpris :

— Mais voyons donc ! Veux-tu bien nous dire ce que tu comptes faire avec une portière d'auto ?

— C'est simple, si j'ai trop chaud, je vais pouvoir ouvrir la fenêtre.

•

Toc ! Toc ! Toc !

— Qui est là ?

— Lundi.

— Lundi qui ?

— Lundi t'à l'autre, viens-tu jouer chez moi aujourd'hui ?

•

Sébastien : Maman, si je plante ce pépin dans le jardin, est-ce qu'un citronnier va pousser ?

La mère : C'est bien possible.

Sébastien : En tout cas, ce serait bien étrange, car c'est un pépin d'orange.

●

Deux nigauds se promènent en voiture. Ils s'engagent dans une grande descente.

— Oh non! crie l'un d'eux.

— Que se passe-t-il? demande l'autre.

— Les freins ne fonctionnent plus.

— Bof! ne t'inquiète pas, il y a un stop en bas de la côte.

●

— Sais-tu qu'à nous deux, on pourrait faire un dictionnaire!

— Ah oui, tu crois?

— Absolument, avec mon intelligence et ton épaisseur.

●

Un nouvel élève vient d'arriver dans la classe.

— Il me semble que j'ai déjà vu ta tête quelque part, lui dit le professeur.

— Ça m'étonnerait, je la porte toujours sur mes épaules.

•

Le prof : Je veux que tout le monde dépose son crayon sur le pupitre et écoute ce que j'ai à dire.

Le silence se fait peu à peu.

Le prof : Mathieu, tu n'écoutes pas encore. Pourquoi n'as-tu pas posé ton crayon ?

Mathieu : Parce que ce n'est pas un crayon, monsieur, c'est un stylo.

•

Dans le cours de morale :

— Aujourd'hui, dit le prof, on va parler du pardon, du partage et de l'amour qu'on doit avoir pour tous. Vous savez, quand on désire quelque chose, il faut être capable d'en souhaiter cent fois plus même à son pire ennemi. Angèle, pense à quelqu'un que tu n'aimes pas beaucoup et fais un souhait.

— J'aimerais avoir une belle note à un examen.

— C'est un bel exemple, Angèle. Maintenant, à ton tour, Norma.

— Moi, ce que je souhaiterais, c'est avoir une toute petite indigestion.

•

Le prof : Les Chinois disent qu'ils habitent le plus beau pays du monde. Vous savez pourquoi ?

L'élève : Oui ! parce que là-bas on rit beaucoup.

•

Ça fait une demi-heure que la mère de Patricia est assise sur son lit et lui chante des berceuses. Patricia lui demande :

— Ma petite maman, est-ce que tu vas me laisser m'endormir maintenant?

•

Françoise : Un homme se promène dans la jungle. Soudain, il tombe dans un trou où sont retenus prisonniers des lions qui n'ont pas mangé depuis six mois. Pourtant l'homme n'a pas peur. Sais-tu pourquoi?

Anne : Non.

Françoise : Parce qu'un lion qui n'a pas mangé depuis six mois, il est mort depuis un bon bout de temps.

•

Deux mères discutent :

— J'ai eu deux enfants, ils sont nés le même jour, à la même heure, pourtant ce ne sont pas des jumeaux.

— Mais comment est-ce possible?

— Ils ne sont pas nés la même année.

•

Au restaurant :

— Garçon ! il y a une mouche dans ma soupe.

— Ne vous inquiétez pas. L'araignée qui se cache dans votre salade va s'en occuper.

●

— Qu'est-ce qui est aussi gros qu'un éléphant mais ne pèse rien ?

— Je ne sais pas.

— L'ombre de l'éléphant.

●

Pourquoi je vois si souvent ta sœur au magasin ?

L-M-H-T-D-K-7

●

Jonathan passe chercher son ami Guillaume pour aller à l'école.

— Mais pourquoi as-tu mis juste une botte ? lui demande-t-il.

— Parce que aujourd'hui, on annonce un pied de neige.

●

Marie-Christine : Connais-tu l'histoire de la petite fille qui était dans la salle de bain ?

Camille : Non.

Marie-Christine : Moi non plus, la porte était fermée.

•

— Hier soir, j'ai mangé neuf sacs de croustilles.

— Neuf ? Mais pourquoi pas dix ?

— Oh, me prends-tu pour un cochon !

•

Deux nigauds se promènent à toute vitesse en voiture.

— Attention, tu vas te faire arrêter par la police.

— Ça ne me dérange pas, j'ai un truc pour ne pas me faire attraper.

— Ah oui, qu'est-ce que c'est ?

— C'est très simple, si des policiers me poursuivent, je vais clignoter à gauche, mais je vais tourner à droite.

•

Carla : Connais-tu la blague du gars qui avait perdu la mémoire ?

Hugues : Non.

Carla : Euh... c'est bête, je n'arrive pas à me la rappeler.

•

Laurie : Quels sont les fruits qui peuvent très bien faire la circulation ?

Sonia : Je ne sais pas.

Laurie : La pomme rouge, la pomme jaune et la pomme verte.

•

— Aimes-tu les suçons ?

— Non, pas tellement.

— Parfait, alors veux-tu tenir le mien pendant que j'attache mon soulier ?

•

Maman, quand mes culottes ne sont pas sur moi mais dans mon tiroir, est-ce qu'on les appelle simplement des lottes ?

•

— Aujourd'hui, j'ai eu tellement de travail que j'ai cru perdre la tête.

— Bof, ça n'aurait pas été une grosse perte.

•

Tim : Sais-tu pourquoi les Schtroumpfs sont tous bleus ?

Alexandra : Je ne sais pas.

Tim : Parce que leur ceinture est trop serrée.

•

Monsieur Frappier entre chez lui à trois heures du matin, mais sa montre est arrêtée et il croit qu'il n'est qu'une heure.

Soudain le coucou de l'horloge sonne trois coups.

— Oui, oui, je sais qu'il est une heure. Pas besoin de le dire trois fois.

•

Deux dames discutent :

— Chez moi, j'ai de très beaux meubles anciens.

— Ils datent de quelle époque?

— Ils datent de l'époque où j'avais de l'argent.

•

Jérémie : Où peut-on trouver un fleuve complètement sec?

Josée : Je ne sais pas.

Jérémie : Sur une carte du Québec.

•

— Maman, viens vite.

— Que se passe-t-il?

— La grosse table à pique-nique qui était accrochée au plafond du garage vient de tomber.

— Mais il faut absolument prévenir ton père.

— Oh, il le sait déjà, il est en dessous.

•

Sandrine : Sais-tu pourquoi les escargots et les tortues sont si lents?

Marc : Non.

Sandrine : As-tu déjà essayé de marcher en traînant ta maison sur ton dos ?

•

— Quels sont les quatre mots que les élèves répètent le plus souvent ?
— Je ne sais pas.
— C'est exactement ça.

•

La mère : J'espère que tu n'as pas fait trop de bêtises à l'école aujourd'hui.
La fille : Comment veux-tu que je fasse des bêtises ? Je suis toujours en retenue.

•

Toc ! Toc ! Toc !
— Qui est là ?
— Sandra.
— Sandra qui ?
— Sandra, il vaut mieux avoir des couvertures.

•

Kévin : Qu'y a-t-il au bout du chat ?

Madeleine : Une queue.

Kévin : Non, un « t ».

•

— Quel est le comble de la malchance ?

— Je ne sais pas.

— Se casser le nez en tombant sur le dos.

•

Vincent : Maman, tu me donnes un verre d'eau, s'il te plaît ?

Le mère : Mais Vincent, c'est le dixième que tu me demandes en dix minutes.

Vincent : Je sais, maman, mais ma chambre est en feu.

•

Toc ! Toc ! Toc !

— Qui est là ?

— C.

— C qui ?

— C lébrons tous ensemble, c'est Noël.

●

Carl vient d'être engagé pour travailler au zoo. Le premier jour, son patron lui demande :

— J'ai une première tâche pour toi. Tu vois le grand arbre dans le parc d'oiseaux ?

— Oui.

— Eh bien, tu trouveras sur les branches nos deux plus beaux perroquets, le rouge et le vert. Je veux que tu les apportes ici.

Carl part et revient une demi-heure plus tard avec le perroquet rouge.

— Mais où est le vert ? demande le patron.

— Mais je ne l'ai pas pris, il n'était pas assez mûr.

●

Jessica : Qu'est-ce qui est blanc dans les airs et jaune par terre ?

Gabriel : Je ne sais pas.
Jessica : Un œuf.

•

— Connais-tu la blague du trou-
peau d'éléphants qui traversait un
champ de pommes de terre ?
— Non.
— Eh bien, c'est ce jour-là qu'on a
inventé les patates pilées.

•

— Quel est l'animal toujours en
vacances ?
— Je ne sais pas.
— Le léo-part.

•

— Connais-tu la différence entre
toi et une porte ?
— Non.
— La porte, elle, elle se ferme.

•

— Pourquoi l'éléphant porte des
pantoufles roses ?

— Je ne sais pas.

— Parce que les grises sont au lavage.

•

Jeanne entre chez son ami Jean-Philippe, qui est en train d'arroser ses plantes.

— Mais pourquoi ton arrosoir est-il vide ?

— C'est parce que j'arrose mes plantes artificielles.

•

Richard se lève un matin et, en regardant par la fenêtre, aperçoit son voisin en train de tondre son gazon en sautant.

Bizarre, se dit-il.

Un peu plus tard, il sort sur le balcon et voit son voisin sauter en allant porter son sac à ordures au bord du chemin. Cette journée-là, chaque fois qu'il aperçoit son voisin, celui-ci est en train de sauter.

Bizarre, se dit-il.

Le lendemain matin, même chose. Richard a la surprise de voir son voisin sauter en prenant son jus d'orange. Trop intrigué, il va le trouver et lui demande :

— As-tu un problème ? Tu n'arrêtes pas de sauter depuis deux jours.

— Eh bien, je me sentais un peu fatigué ces temps-ci. Alors je suis allé au village et le pharmacien m'a recommandé d'excellentes vitamines. Il m'a dit :

— Prends-en une tout de suite et saute deux jours avant de prendre la prochaine.

•

La fille : Maman, maman. Le petit voisin vient de lancer sa balle dans la fenêtre de ta chambre et il l'a brisée en mille miettes.

La mère : Ah non ! Catastrophe.

La fille : Poisson d'avril, maman ! Ce n'est pas la fenêtre de ta chambre, c'est la grande fenêtre du salon.

•

Toc! Toc! Toc!

— Qui est là?

— Samson.

— Samson qui?

— Samson pantalon, il a l'air pas mal fou.

●

La fille : Maman, sais-tu quel est le comble du courage?

La mère : Non.

La fille : C'est de m'avoir comme enfant.

●

Philippe : En allant se percher sur un fil électrique, un oiseau voit sur le pylône un panneau qui dit : « Attention! Danger de verglas. Ne pas toucher aux fils. » Que fait l'oiseau?

Karine : Je ne sais pas.

Philippe : Il se perche sur le fil, car les oiseaux ne savent pas lire.

●

Marianne : Sais-tu quel animal peut sauter plus haut que le mât du Stade olympique ?

Gisèle : Non.

Marianne : Tous les animaux peuvent le faire, car le mât ne saute pas.

•

Yuri : Quel est le contraire de tomber ?

Marie : Je ne sais pas.

Yuri : Rebmot !

•

Toc ! Toc ! Toc !
— Qui est là ?
— Canton.
— Canton qui ?
— Canton veut on peut.

•

Deux jumeaux ont reçu chacun un chat à leur fête.

— Mais comment va-t-on faire pour les différencier ?

— Je ne sais pas... On pourrait peut-être couper un bout de la queue du mien ?

— Mais non. Ne fais pas ça !

— Et si on coupait une oreille au tien ?

— Je te l'interdis.

— Je sais. On va en peindre un en bleu.

— Bonne idée ! Lequel, le noir ou le gris ?

•

Hugo : Maman, est-ce qu'on peut tourner sur cette rue ?

La mère : Mais non, c'est un cul-de-sac.

Hugo : Quoi ? Je ne savais même pas que les sacs avaient un cul.

•

— Quelle est la seule chose à faire quand on voit une bande de biscuits au chocolat traverser la rue ?

— Je ne sais pas.
— Les croquer !

•

Rémi : Sais-tu pourquoi les joueurs de pétanque portent toujours une ceinture noire et blanche ?
Henri : Non.
Rémi : Pour tenir leur pantalon.

•

— Sais-tu où habite monsieur Picotte ?
— Non.
— Sur le boulevard Ricelle.

•

— Comment peut-on mettre un éléphant dans un réfrigérateur ?
— Je ne sais pas.
— On ouvre le réfrigérateur, on sort ce qu'il y a dedans, et on rentre l'éléphant à l'intérieur.

•

— Comment peut-on mettre un hippopotame dans un réfrigérateur?

— Je l'ignore.

— On ouvre le réfrigérateur, on sort l'éléphant et on rentre l'hippopotame.

•

Lucie: Qu'est-ce qui est rouge ou vert ou jaune et qui peut aller dans l'eau sans se faire mouiller?

André: Je ne sais pas.

Lucie: Une pomme dans un sous-marin.

•

— Pourquoi les vieux singes n'épluchent pas les bananes avant de les manger?

— Je ne sais pas.

— Parce qu'ils savent déjà ce qu'il y a dedans.

•

— Sais-tu que ça fait un chat du Japon qui tombe dans l'eau ?

— Non.

— Ça fait « plouf ».

•

Toc ! Toc ! Toc !

— Qui est là ?

— C'est Line.

— C'est Line qui ?

— C'est Line Dion.

•

Jessica : Qu'est-ce qu'un bleuet ?

Le prof : C'est un fruit.

Jessica : Pas du tout. C'est un petit pois qui s'étouffe.

•

Un nigaud frappe sans arrêt sur un lampadaire :

Toc ! Toc ! Toc !

Toc ! Toc ! Toc !

Toc ! Toc ! Toc !

Un homme qui l'observe depuis quinze minutes va le voir et lui demande :
— Que faites-vous là, monsieur ?
— Je cogne au lampadaire.
— Je vois bien. Mais pourquoi ?
— Quelqu'un va bien finir par me répondre, il y a de la lumière.

•

Le fils : Maman, à la porte il y a quelqu'un qui fait une collecte pour la nouvelle piscine de la ville.

La mère : Mais allez, qu'est-ce que tu attends ? Donne-lui un verre d'eau.

•

Valérie : Sais-tu pourquoi les girafes ont la langue bleue ?

Constant : Non.

Valérie : Pour se cacher dans les champs de bleuets.

Constant : C'est un peu fort.

Valérie : Je te le jure. As-tu déjà vu une girafe dans un champ de bleuets ?

Constant : Jamais.

Valérie : Tu vois, ça marche.

•

Hugo : J'ai des problèmes avec les additions.

Mélissa : Je vais essayer de t'expliquer.

Hugo : D'accord.

Mélissa : Si j'ai sur la tête deux livres de lecture, plus trois livres de maths, plus un livre de grammaire, qu'est-ce que j'ai ?

Hugo : Le sens de l'équilibre.

•

Louise : Peux-tu me dire ce qui est froid, blanc, qui tombe du ciel et qui finit par « cile » ?

— Sonia : Je ne sais pas.

— Louise : De la neige, imbécile.

CONCOURS

Tu dois connaître, toi aussi, de courtes histoires drôles. Alors, pourquoi ne pas nous en faire parvenir quelques-unes?

Parmi celles reçues, certaines seront retenues pour publication et l'auteur(e) recevra une surprise.

Participe le plus vite possible et envoie tes histoires drôles à:

CONCOURS HISTOIRES DRÔLES
Les éditions Héritage inc.
300, rue Arran
Saint-Lambert (Québec)
J4R 1K5

Nous avons hâte de te lire!

À très bientôt donc!

Achevé d'imprimer en septembre 2001 sur les presses de
Payette & Simms inc. à Saint-Lambert (Québec)